LE BILAN

DE LA

RÉPUBLIQUE

(20 DÉCEMBRE 1848).

—

PAR

AMÉDÉE MARTEAU

PARIS.

GARNIER FRÈRES, LIBRAIRES-ÉDITEURS.

PALAIS NATIONAL.

1849

PARIS. — IMPRIM. LACOUR, RUE SOUFFLOT, 11.

BILAN

DE LA

RÉPUBLIQUE

Le scrutin a parlé : il ne nous reste plus aujourd'hui qu'à nous incliner devant sa décision suprême. Il ne nous reste plus qu'à obéir à sa voix souveraine, et à nous rallier franchement pour l'aider à faire le bien, et l'empêcher de faire le mal, à l'homme qu'il a désigné pour présider aux destinées du pays. Élu du suffrage universel, cet homme, quel qu'il soit, doit voir se concentrer autour de lui toutes les forces matérielles et morales de la nation ; il doit pouvoir compter, non pour lui personnellement, mais pour le bien-être général, sur le concours de toutes les intelligences.

Cet homme, c'est le citoyen LOUIS-NAPOLEON BONAPARTE. Ce n'est ni le moment, ni l'heure d'examiner aujourd'hui quels sont les titres qui ont pu faire élever le citoyen Bonaparte à la dignité suprême de président de la République. Soulever de pareilles questions, c'est remuer un brasier non encore éteint, c'est soulever un flot non encore apaisé de haines et de rancunes ; c'est ce que nous ne voulons pas, c'est ce qu'il faut éviter.

Seulement il ne faut pas se dissimuler que l'incroyable et immense succès de cette candidature est dû au nom que porte l'élu, bien plutôt qu'à des faits accomplis et à des services rendus. Nous le constatons, nous l'enregistrons, afin qu'on s'en souvienne.

Nous l'avouons franchement, depuis le jour où elle s'est produite jusqu'au dernier moment, nous avons été l'adversaire de cette candidature, parce que, selon nous, elle reposait sur un nom qui, malgré le prestige dont il est entouré, ne représente pas moins un principe tout à fait opposé au principe républicain qui doit nous régir.

Nous craignions de voir arriver à la magistrature suprême de notre jeune république, l'héritier direct d'un homme qui, bien qu'il ait fait oublier sa faute à la France par quinze années de gloire et de grandeur, n'en a pas moins tué, il y a cinquante ans, le principe républicain, à son profit et au profit du principe monarchique.

Voilà les puissantes raisons, il n'y en a point d'autres, qui nous ont porté à combattre cette candidature ; nous n'avons point, comme tant d'autres, argué de l'incapacité personnelle de M. Louis Bonaparte, sur laquelle le dernier mot n'est pas encore dit, ni de ce que jusqu'à ce jour, il a été constamment étranger aux affaires publiques. Ce ne sont point là des raisons suffisantes. Au contraire, on l'a dit avec justesse, il nous faut des hommes nouveaux, et dont le cœur n'ait point été souillé par les roueries politiques des précédents régimes. A ce titre, le nouveau président de la république, s'il sait se mettre à l'abri des perfides insinuations qui ne manqueront pas de lui être faites, s'il sait se mettre en garde contre les velléités d'ambition qu'on ne manquera pas de lui conseiller, à ce titre, **M. Bonaparte** est l'homme qui convient ; surtout si, comme il l'assure, il tient avant tout au bonheur de la France ; s'il tient à sa grandeur, à sa prospérité.

Ceci dit, nous allons succinctement examiner quelle est la situation de la France, et dans quel état le président nommé va trouver la république française.

«La France est un pays bien difficile à gouverner», a dit nous ne savons quel homme d'état sous le dernier règne. Nous croyons que c'est là trop ou trop peu dire. Le peuple français peut avoir, comme le reproche lui a été bien souvent adressé, de la légèreté, souvent même de l'indifférence ; mais au fond, il y a du cœur, et certes, c'est là une raison suffisante pour qu'on ne désespère jamais de lui. On le taxe aujourd'hui encore de légèreté, en ce qu'il a nommé, pour présider la république, l'héritier d'un homme qui avait fait succéder à un gouvernement populaire un gouvernement despotique. Le reproche peut avoir une certaine portée ; mais que faire ? Il n'y a qu'un mot à répondre. Le suffrage universel a été exercé tel que la révolution de février l'a proclamé ; on n'a donc point à rechercher si son résultat a été erroné ou non ; on n'a plus qu'à s'incliner devant ce résultat, qui est l'imposante manifestation de la volonté d'un grand peuple.

Il est à remarquer que ce sont ceux-là même qui ont proclamé le suffrage universel qui se plaignent le plus hautement de son résultat. S'ils étaient vraiment soucieux de l'honneur de la nation, ils devraient être les premiers à s'incliner devant sa volonté, et à obéir à ses ordres.

Loin de nous l'idée de commander une obéissance servile à l'élu du peuple; mais ce que nous demandons pour lui, c'est le concours de tous pour l'aider à faire le bien, et pour l'empêcher de faire le mal.

S'il en est autrement, qu'arrivera-t-il? c'est que, si une opposition systématique vient entraver ses projets, quels qu'ils soient, bons ou mauvais, la France et l'élu du suffrage universel n'auront-ils pas le droit de se plaindre? S'il tombe, il tombera victime, et on n'aura résolu qu'une question de force; car sa marche dans la voie du progrès aura été entravée, et par là rendue impossible en vertu de l'obstacle qu'on lui aura suscité.

S'il est, comme quelques-uns le prétendent, incapable de gouverner le pays, quelle conflagration ne préparez-vous pas en lui suscitant de nouveaux embarras plutôt que de l'aider à résoudre les difficultés de la situation!

Oh! si vous avez raison, s'il n'est pas à la hauteur de la grande mission qui lui a été confiée, laissez-le, le peuple le saura bientôt; et s'il tombe, ce sera sa faute, à lui seul, car il aura trompé le vœu de la nation. S'il tombe, il sera renversé par ceux-là même qui lui auront élevé un piédestal, et ni la France ni lui n'oseront accuser personne qu'eux-mêmes.

Mais, au nom de Dieu, au nom du patriotisme dont nous devons tous être animés, réunissons nos efforts pour éviter une pareille chose; unissons-nous pour être forts; concentrons autour du président toutes les puissances physiques et morales dont nous sommes doués, pour le guider dans une voie régénératrice, ou pour l'empêcher de suivre une ligne de conduite opposée aux intérêts les plus sacrés du pays.

Jamais, si ce n'est aux diverses époques où elle a été envahie, la France ne s'est trouvée plongée dans un cataclysme aussi terrible, et nous tremblons, en vérité, quand nous voyons la solution de cet immense problème social confié à un homme jusque-là étranger au pays, presque inconnu, et dont le nom seul offre une garantie de génie et de gloire ! Saura-t-il, cet homme, prendre ce qu'il y a de bon, de noble, de grand, dans les souvenirs que rappelle ce nom ? saura-t-il éviter le souvenir, glorieux, il est vrai, mais despotique aussi, qui s'y rattache ?

C'est ce qu'il nous faut attendre avec anxiété ! Malgré le désir ardent que chacun doit avoir de sortir de la crise qui fait souffrir les populations, il ne faut point trop précipiter la marche ; il faut agir avec prudence : un malade qui entre en convalescence ne peut se livrer aux mêmes exercices qu'un homme plein de vigueur et de santé.

Nous avons passé, depuis le mois de février, par bien des chemins de traverse ! Nous avons rencontré bien des obstacles qui ont été franchis plutôt que levés ! Qu'on ne s'y trompe pas ! Ces obstacles se représenteront, et peut-être plus terribles qu'auparavant !

Voyez quelles effrayantes conséquences peuvent avoir des gouvernements sans stabilité, chassés à des intervalles infiniment rapprochés, l'un par l'autre. Celui-ci défait ce qu'a fait le précédent; et cela se conçoit, parce que son essence est nécessairement opposée à l'essence de son prédécesseur. Mais de tout cela qu'arrive-t-il?

C'est que les haines se forment, s'enveniment; c'est que l'émeute, l'insurrection, la guerre civile mûrit, se prépare, éclate et étend ses ravages sur toute l'étendue du pays, frappant, comme la mort, aveuglément, les bons comme les mauvais citoyens! C'est que, profitant du chemin qui leur est ouvert, les ambitieux se lèvent, marchent, et, sans se soucier de l'état du pays, de son bien-être, le font souffrir encore jusqu'à ce qu'un autre arrive qui les chasse.

Quelle misère qu'une telle situation, et quelle leçon pour le peuple qui en est la victime, s'il sait la comprendre et s'il sait en profiter.

Voilà ce qui se passe dans notre France depuis dix mois! Les hommes, les hommes, toujours les hommes, tout pour eux et rien pour le pays!

Mais le jour est venu où il faut compter, et c'est Louis-Napoléon Bonaparte que le peuple a délégué pour régler tous ces comptes.

Gérants, établissez votre bilan.

Louis-Napoléon Bonaparte, liquidez!

Et dites-nous ce qu'il nous reste.

Ce n'est ni la force ni l'énergie qui nous manquent! Comptez sur le peuple français; mais, au nom du ciel, ne déviez pas de la voie que vous avez promis de suivre!

Lisez dans le passé : c'est la meilleure leçon pour préparer à l'avenir.

Février voit un roi chassé. Il voit les ministres de ce roi comme lui honnis et méprisés par le peuple!

Oh ! ne revenez pas à ces hommes ! Ils ont servi l'ambition détestable d'un homme au détriment du peuple ! Ils se sont ou laissé corrompre, ou faits corrupteurs ! Ils ont employé l'intelligence que Dieu leur a donnée à servir l'intérêt d'un maître, en sacrifiant l'intérêt du pays ! Et leur conduite a préparé, amené sa chute ! Ces hommes-là, si votre cœur est pur, si vos pensées sont droites, ces hommes-là vous donneront de mauvais conseils, ils flatteront vos passions, ils chercheront à vous aveugler, à vous élever, pour s'élever après vous !

Rêver aujourd'hui en France la restauration d'un régime monarchique, c'est préparer des maux incalculables, c'est rêver la guerre civile !

Arrière donc ces gens-là, corrompus de la veille, flatteurs du lendemain, qui méprisent aujourd'hui l'idole qu'ils ont servie hier, peu soucieux du bonheur du pays.

Trois gouvernements se sont succédé depuis cette époque, et, chose remarquable ! ils ont successivement et, par ordre, défait ce qu'ils avaient fait les uns les autres ! Lequel avait raison, ou de celui qui avait fait, ou de celui qui a défait ? Quelle triste et insultante palinodie !

De la révolution de février est sorti, aux acclamations du peuple, un gouvernement qui, s'occupant, au milieu de l'effervescence populaire, des intérêts véritables de la de la nation, rendit décrets sur décrets. Ce gouvernement crut bien faire, sans doute ; il contenait dans son sein des hommes illustres, des hommes de génie, animés des plus patriotiotiques intentions,

Or, qu'est-il arrivé ?

C'est que les gouvernements suivants ont, une à une, rapporté toutes les lois du gouvernement provisoire, jusqu'à la dernière, sauf toutefois le suffrage universel.

Qui sait même si, en voyant leur espérance trompée, les hommes de ces gouvernements ne sentent pas, au fond du cœur, le repentir d'avoir laissé subsister ce suffrage, que deux fois déjà ils ont accusé de s'être trompé !

Or, entre les décrets rendus et abolis, et entre ceux qui les ont rendus et abolis, il y a une liquidation à faire.

L'intérêt du pays ne s'entend pas de deux manières ; il n'y a qu'une seule voie pour marcher à la prospérité, il y en a mille pour marcher à l'insurrection, à la guerre civile, à la ruine.

La première, c'est d'aider au gouvernement stable, conséquent avec son principe libéral ; évitant les petitesses, fuyant les fausses routes, et ne se *fondant pas sur un parti.*

Qui aurait raison du créateur ou du destructeur ?

Où en sommes-nous ?

Des libertés proclamées que nous reste-t-il ?

Liberté de la presse ? Néant !

La presse est-elle libre, quand elle est soumise à ce régime arbitraire qui permet à un gouvernement de supprimer tout journal dont la rédaction combat ses tendances, bonnes ou mauvaises ?

Liberté d'association, de réunion, de discussion ?

Qu'est devenue cette liberté, en présence des lois répressives qui sont venues peu à peu entraver leur libre exercice ?

Pourquoi arguer, pour l'adoption de ces lois répressives, de l'indocilité du peuple?

Comment voulez-vous que le peuple demeure calme, comment voulez-vous qu'il soit sage, quand ceux-là mêmes qui le gouvernent lui montrent l'exemple des tergiversations, des intrigues, des ambitions et de la plus ridicule contradiction!

Comment voulez-vous que le peuple soit sage et réservé à l'aspect de ce qui se passe sous ses yeux? quand les hommes qu'il a choisis pour l'engager dans la voie des progrès sont les premiers à reculer et à lui imprimer un mouvement rétrograde? quand il voit les gouvernants sa préoccuper d'une question personnelle, d'une question de coterie plutôt que de ses intérêts?

Il n'y a pas deux manières de servir son pays, et le peuple commence à le comprendre.

Voilà où en sont toutes nos libertés, conquises au prix de tant d'efforts, de tant de sang! Au profit de qui ont-elles tourné ?

Le peuple a répondu hautement à cette question.

Non pas que nous ne reconnaissions qu'il faille à ces libertés une limite juste et raisonnable ; toute liberté illimitée ne peut plus s'appeler liberté; elle doit s'appeler licence. De la qualité au vice, il n'y a qu'un pas; car, suivant un proverbe bien répandu et bien vrai, les extrêmes se touchent.

Le peuple lui-même a, dans le fond de son cœur, trop de sagesse pour ne point penser ainsi. Il y a, dans la nation française, trop de bon sens pour qu'elle vienne à penser qu'en posant une limite raisonnable à une liberté, on veuille lui ravir cette liberté.

La constitution, du reste, nous garantit ces libertés, et laisse au pouvoir à y imposer les limites convenables.

Nous ne finirions pas, si nous voulions relater ici ces myriades de décrets votés, rapportés.

Ces commissions instituées pour toute espèce de motifs, puis abandonnées sans raison et sans qu'aucune solution soit survenue. Tous ces faits accomplis ont laissé dans le cœur des populations un découragement inexprimable. Cette ridicule et maladroite comédie, faite pour aveugler le bon sens public, n'a eu pour résultat que des scandales, des menées, des émeutes, l'insurrection, la guerre civile, un gouvernement despotique et arbitraire, le tout couronné par une misère intense.

Voilà dans quelle situation le nouveau président de la république va trouver la France.

A-t-il bien réfléchi à l'immense responsabilité qu'il va assumer sur sa tête? A-t-il bien réfléchi à l'immense difficulté du présent et de l'avenir?

Ne faut-il pas des forces surhumaines pour vaincre de semblables obstacles? Et avions-nous tort, tout à l'heure, quand nous engagions tout le monde à se rallier autour de l'élu de la majorité, et de le soutenir avec force et énergie dans tout ce qu'il entreprendra de bien, et de lui faire voir dignement son erreur, quand il sera sur le point de faire un faux pas?

Avions-nous tort de demander le concours loyal de chacun dans sa sphère, hors, toutefois de ces gens tarés chez lesquels le patriotisme est mort, et où l'ambition survit.

Il y a deux écueils bien dangereux à éviter en politique ; on se brise facilement à l'un ou à l'autre : la flatterie et une opposition systématique.

La flatterie, qui est la plaie de tous les gouvernements, et qui les conduit encore plus sûrement à leur ruine qu'une opposition même systématique! La flatterie, qui aveugle les chefs de l'Etat et sur l'intérêt du peuple et sur leur propre intérêts.

Nous en sommes malheureusement et profondément convaincu, le nouveau chef du pouvoir sera bientôt entouré de courtisans, de ceux-là même, qui hier eussent été, s'ils ne l'ont été, ses adversaires et qui ramperont, pour ainsi dire, devant lui.

Le second de ces écueils est l'opposition systématique. Rien de plus désastreux que de venir apporter des obstacles à la marche bonne ou mauvaise du gouvernement, que de s'opposer à ses tendances, quelles qu'elles soient. C'est lui susciter des embarras, des difficultés sans nombre, c'est préparer des désastres, terribles et que souvent le peuple, lui, paye de son sang et de son repos.

Agir ainsi, c'est se montrer ennemi ; et, qu'on s'en souvienne, dans une commune patrie, il ne doit point y avoir d'ennemis ; il ne doit y avoir que des adversaires loyaux et désintéressés.

Il ne doit y avoir des adversaires que pour discuter les questions les plus importantes, et faire jaillir la lumière de cette discussion, mais aussi toujours prêts à s'unir, à se donner la main, pour repousser les véritables ennemis communs, l'étranger à l'extérieur, la misère à l'intérieur.

Et dans quelle circonstance, la France eut-elle plus

besoin de l'union intime, ferme de tous ses enfants! Quelle situation est la sienne!

A l'extérieur, des nations un moment soulevées par le souffle qui l'a 'soulevée elle-même, mais non encore mûres pour la liberté, se rasseyant sur leur vieille base, et regardant d'un œil d'envie la République qui se fonde.

Des souverains qui viendraient entraver la marche de cette République, afin que son succès ne vienne pas un jour les renverser eux-mêmes.

A l'intérieur, le commerce, l'industrie sans ressource, anéantis, les finances ruinées, épuisées ; la dette publique augmentée depuis quelques années de plusieurs centaines centaines de millions, l'agriculture déconsidérée, les arts, les sciences, les lettres, sans valeur, abandonnés.

Certes, voilà plus de motifs qu'il n'en faut pour consommer la ruine d'un pays, si, oubliant l'esprit de parti, les ambitions personnelles, les intrigues, tous les citoyens ne se hâtent point de réunir leurs efforts vers un même but, une même pensée, celle de la régénération.

Ce n'est pas à la République, objet de nos plus chères sympathies que nous voulons attribuer tous ces désastres. Mais en remplaçant sur le sol de la France les gouvernements qui l'ont précédée, elle s'est imposé l'obligation de remédier à tout, de ramener la prospérité, de faire refleurir ce qui est en ruine, c'est une tâche immense, mais non impossible.

Et cette tâche vient d'être confiée par le pays aux mains d'un homme, jeune encore, jusqu'ici éloigné des affaires publiques, mais qui devra puiser dans l'immense quantité de suffrages qui l'ont porté au pouvoir, la force et l'énergie nécessaires pour faire le bien et éviter le mal.

Mais qu'un succès aussi inoui ne l'éblouisse pas ! Les leçons que fonrnit le passé sont grandes et imposantes. Le peuple est un grand enfant qui brise, le lendemain, sous le prétexte le plus frivole, le jouet dont il s'est servi la veille, heureux encore, quand il laisse au cœur de celui que, dans son indifférence, il a ou abandonné ou rejeté, un reste de ce prestige qui le lui a fait chérir et que plus tard, il pourra retrouver encore.

C'est à vous, Louis-Napoléon Bonaparte, qu'il va être donné de consolider la République française, à vous, l'héritier d'un des plus grands noms, d'un des plus grands hommes qui ont illustré les fastes de l'humanité. La tâche est aussi grande, aussi belle qu'elle est difficile. Montrez-vous-en digne.

Vous avez besoin de rallier autour de vous tous les partis, cela se peut, en ne vous attachant pas vous-même à un part, mais en prenant chez tous ce qu'il peut y avoir de bon. Par là, sans doute, vous parviendrez à fonder la République telle qu'elle doit être. Vous confondrez ainsi ceux qui vous accusaient d'ambition ou d'incapacité.

Vous nous confondrez nous-mêmes qui avons combattu votre candidature. C'est ce que nous souhaitons du fond du cœur, préférant de beaucoup nous être trompé que de voir, pour la satisfaction d'un amour-propre mal entendu, la France rester dans la boue où elle est plongée.

Vous vous acquerrez ainsi des droits à la reconnaissance éternelle de la nation, et votre nom pourra alors, car il en sera digne, être écrit au-dessous du nom de l'homme immortel de l'alliance duquel vous vous honorez à si juste titre.

FIN.